So geht's:

Das Beispiel zeigt, wie du mit miniLÜK spielst. Die Übung findest du auf Seite 2 und 3.
Öffne das miniLÜK®-Kontrollgerät und lege den durchsichtigen Boden des Kontrollgerätes auf die untere Übungsseite deines miniLÜK-Heftes.

Nimm Plättchen 1. in die Hand und sieh dir Aufgabe 1. an.

Hier steht: **das Tor**.

Lege Plättchen 1. auf das Bild mit dem Tor auf der unteren Seite. Die Ziffer muss dabei nach oben schauen.

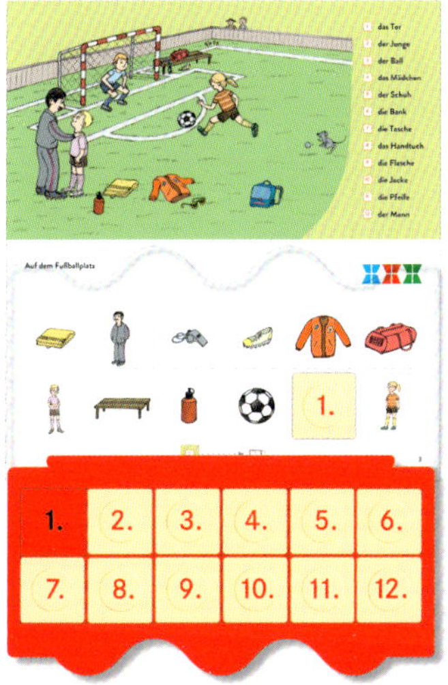

So spielst du weiter, bis alle 12 Plättchen auf dem durchsichtigen Teil des Kontrollgerätes liegen und keine Bilder mehr zu sehen sind.
Dann schließt du das Kontrollgerät und drehst es um. Wenn du das bei der Übung abgebildete Muster siehst, hast du alles richtig gemacht.

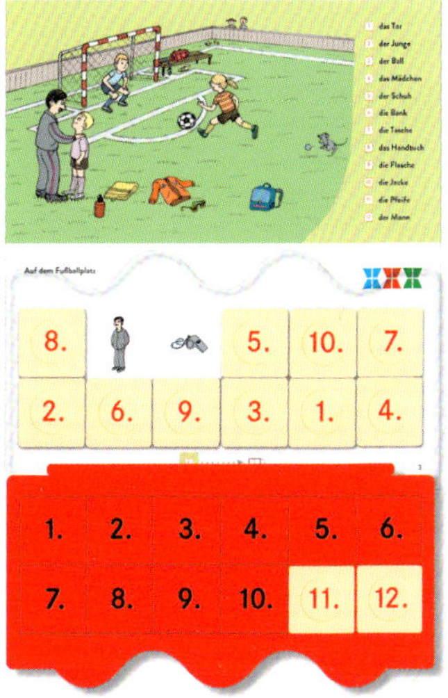

Passen einige Plättchen nicht in das Muster, löst du diese Übungen noch einmal.

Stimmt es jetzt?
Dann nun viel Spaß!

AF510939

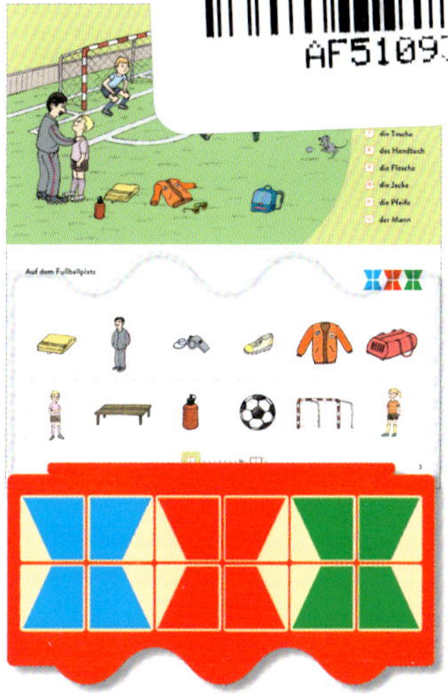

1 das Tor
2 der Junge
3 der Ball
4 das Mädchen
5 der Schuh
6 die Bank
7 die Tasche
8 das Handtuch
9 die Flasche
10 die Jacke
11 die Pfeife
12 der Mann

Auf dem Fußballplatz

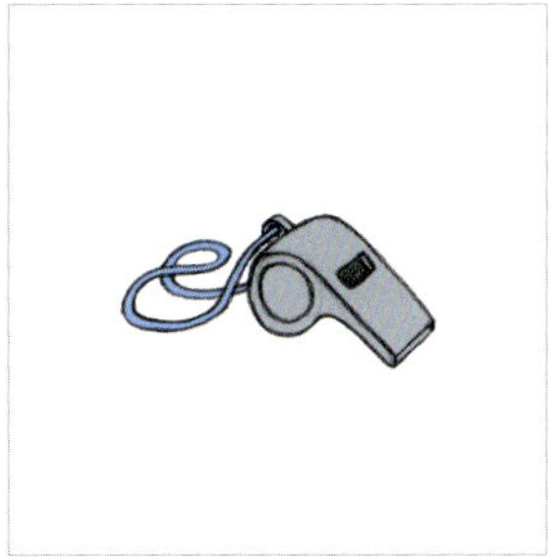

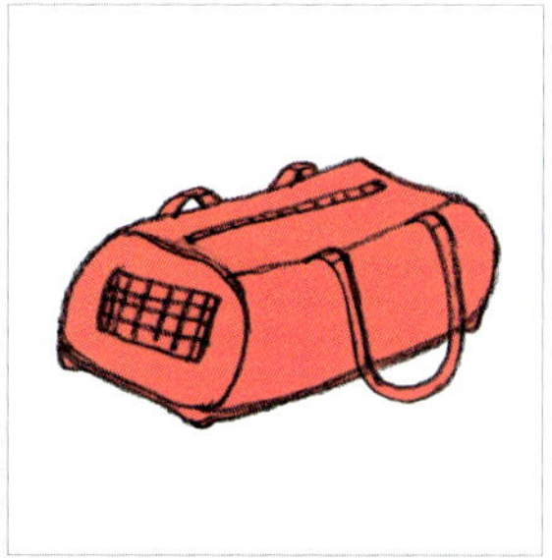

1 weiß

2 braun

3 gelb

4 orange

5 rosa

6 rot

7 hellblau

8 dunkelblau

9 schwarz

10 hellgrün

11 dunkelgrün

12 grau

Ich sehe was, was du nicht siehst. Und das ist …

1 der weiße Ball
2 die rote Stange
3 die blaue Tasche
4 der schwarze Ball
5 die rote Tasche
6 das gelbe Hemd
7 die weiße Linie
8 der grüne Rasen
9 der blaue Ball
10 das grüne Hemd
11 die gelbe Stange
12 die grüne Tasche

Beim Training

1 rot und rund

2 rot und eckig

3 groß mit einem Netz

4 klein mit einem Netz

5 braun und weich

6 braun und hart

7 rot und gelb

8 rot, gelb und grün

9 gelb und eckig

10 gelb und rund

11 bunt und hart

12 bunt und weich

Was ist das? Der Gegenstand ist ...

1 → 

1 F ßball

2 Spie er

3 Pfei e

4 T r

5 Fah e

6 T sche

7 Sport ose

8 Ra en

9 Flasch

10 Tor art

11 gelbe Kar e

12 Schiedsr chter

Einer fehlt!

u	h	a	l	t	f
w	o	i	s	e	n

1 ⋯⋯> u

1 drei Bälle

2 ein Ball

3 sieben Bälle

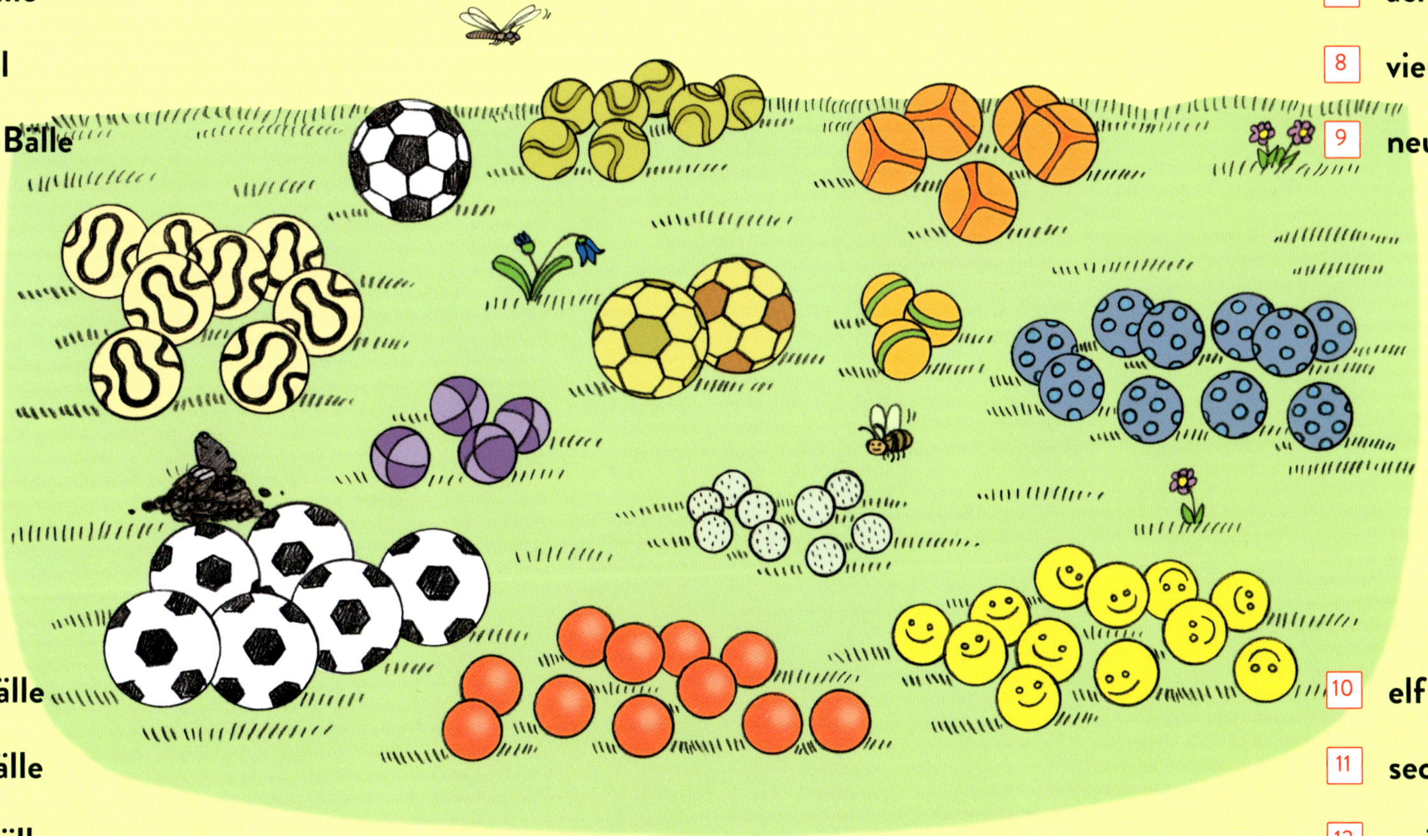

4 fünf Bälle

5 zwei Bälle

6 zehn Bälle

7 acht Bälle

8 vier Bälle

9 neun Bälle

10 elf Bälle

11 sechs Bälle

12 zwölf Bälle

So viele Bälle!

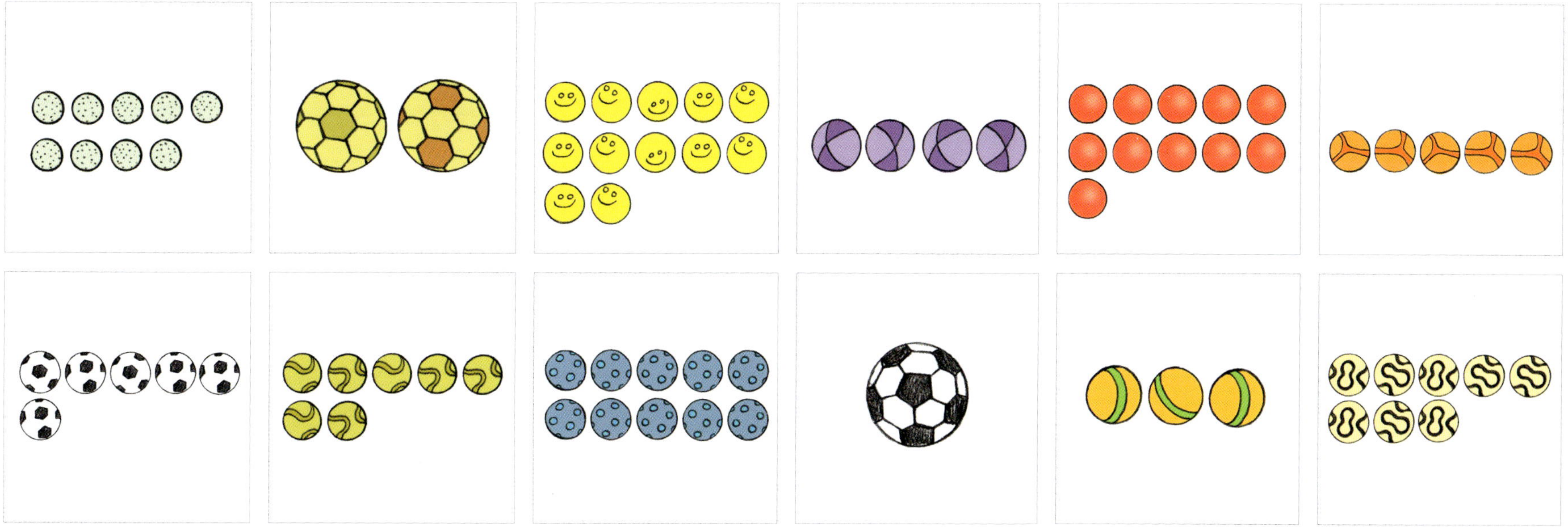

1 ein blaues Hemd

2 zwei grüne Hemden

3 drei rote Hosen

4 vier grüne Hosen

5 drei blaue Hosen

6 ein rotes Hemd

7 drei rote Hemden

8 zwei grüne Hosen

9 eine rote Hose

10 zwei blaue Hemden

11 ein grünes Hemd

12 vier blaue Hosen

Hosen und Hemden

1 Das hat ein Netz.

2 Sie schützen die Beine.

3 Da packe ich meine Sachen hinein.

4 Das ist rot und weiß gestreift.

5 Den schießt man ins Tor.

6 Sie haben Stollen.

7 Damit pfeift der Schiedsrichter.

8 Den kann man gewinnen.

9 Den wickelt man sich um den Hals.

10 Sie ist rot und gelb.

11 Diese trägt nur der Torwart.

12 Daran erkennt man die Mannschaft.

Für Spaß und Spiel

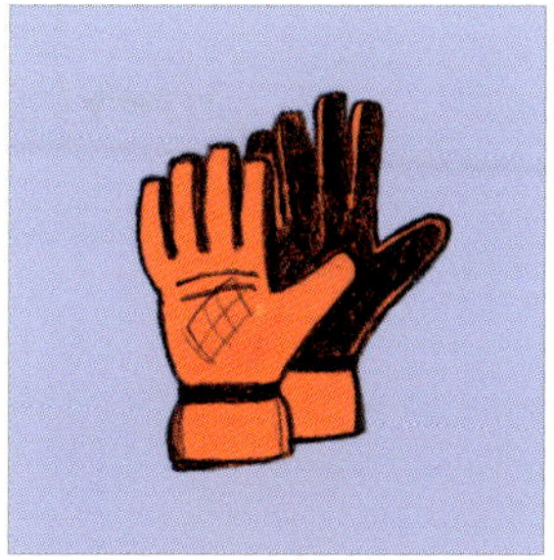

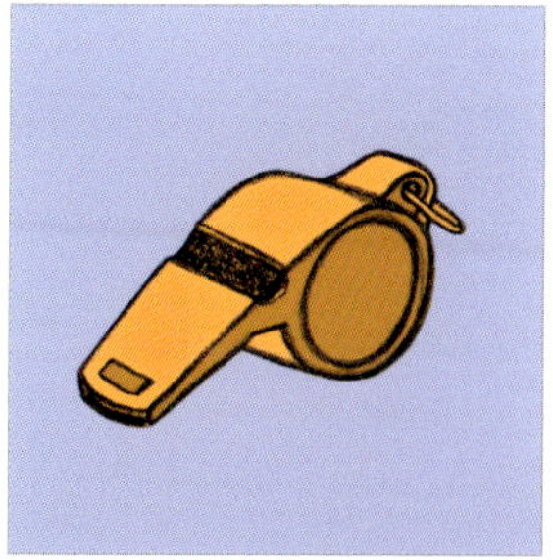

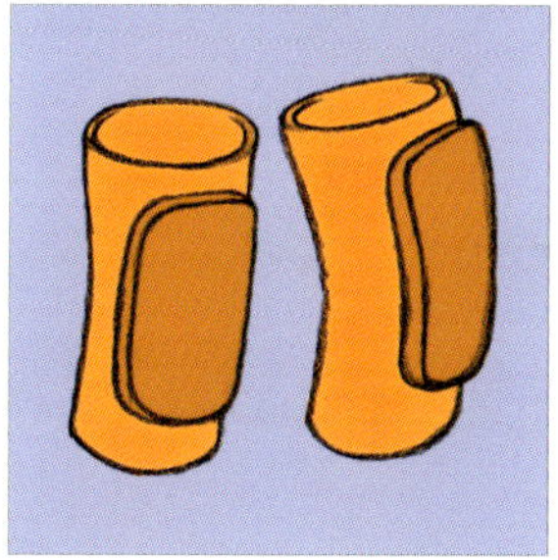

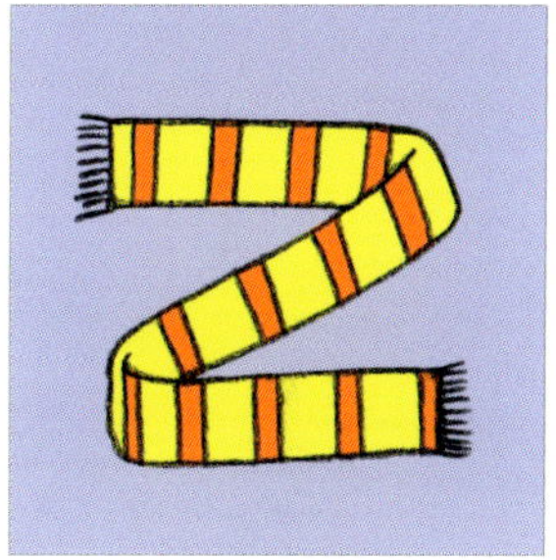

Ein Fußballspieler ...

1 bindet seine Schuhe zu.
2 stoppt den Ball mit der Brust.
3 köpft den Ball.
4 läuft ein.
5 steht am Tor.
6 schießt eine Ecke.

7 macht einen Einwurf.
8 liegt am Boden.
9 bekommt eine gelbe Karte.
10 schießt ein Tor.
11 bedankt sich beim Publikum.
12 küsst den Pokal.

Fußballspieler

1 Ein Ball liegt auf dem Rasen.

2 Drei Bälle liegen auf dem Rasen.

3 Ein Junge läuft sich warm.

4 Mädchen und Jungen laufen sich warm.

5 Ein Mädchen schießt auf eine Torwand.

6 Zwei Mädchen schießen auf die Torwand.

7 Ein Fußballspieler übt Kopfbälle.

8 Die Fußballspieler üben Kopfbälle.

9 Der Junge fällt hin.

10 Zwei Jungen fallen hin.

11 Ein Spieler macht Pause.

12 Alle Spieler machen eine Pause.

Einer und viele

1 Nina trifft die anderen Kinder ihrer Mannschaft.

2 Alle steigen in einen Bus ein.

3 Sie fahren zu einem Zeltplatz am See.

4 Zuerst packt Nina ihre Sachen aus.

5 Sie zieht ihr Sportzeug an.

6 Die Kinder laufen um den Fußballplatz.

7 Dann übt Nina Tore schießen.

8 Nach dem Training baden alle im See.

9 Abends grillen sie Würstchen.

10 Die Kinder machen eine Nachtwanderung.

11 Danach schläft Nina sofort ein.

12 Am nächsten Tag spielen sie gegen eine andere Mannschaft.

Nina auf Fußballfahrt

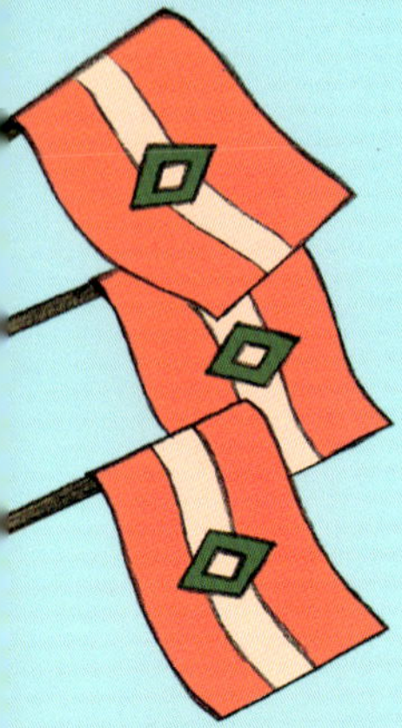

1 Tom zieht die Fußballschuhe an.

2 Seine Mannschaft stellt sich in einem Kreis auf.

3 Die andere Mannschaft ist schon auf dem Platz.

4 Der Schiedsrichter pfeift das Spiel an.

5 Die anderen Spieler schießen sich den Ball zu.

6 Schnell rennt Tom über den Platz.

7 Da stellt ihm ein Junge ein Bein.

8 Tom fällt hin.

9 Der Schiedsrichter zeigt die gelbe Karte.

10 Tom bekommt den Ball.

11 Er schießt ein Tor.

12 Die Zuschauer jubeln.